Te 158
48

LA MÉDECINE
DE DIEU

OU MOYEN NATUREL DE GUÉRIR

LES MALADIES

PAR LA TRANSPIRATION

L'HYDROTHÉRAPIE POPULAIRE

Méthode enseignée par les plus célèbres médecins

BOITE DE SANTÉ OU DRAINAGE HUMAIN

BREVETÉ S. G. D. G.

SYSTÈME DE BAIN DE VAPEUR

Inventé et popularisé par B.-M. BARRIÈRE

Avec une BOITE DE SANTÉ on peut défier les maladies

---

1 FRANC

BORDEAUX

CHEZ L'AUTEUR,

1864

Nº 1.

LA MÉDECINE

DE DIEU

OU MOYEN NATUREL DE GUÉRIR

LES MALADIES

PAR LA TRANSPIRATION

L'HYDROTHÉRAPIE POPULAIRE

Méthode enseignée par les plus célèbres médecins

BOITE DE SANTÉ OU DRAINAGE HUMAIN

BREVETÉ S. G. D. G.

SYSTÈME DE BAIN DE VAPEUR

Inventé et popularisé par B.-M. BARRIÈRE

———

Avec une BOITE DE SANTÉ on peut défier les maladies

———

1 FRANC

BORDEAUX

CHEZ L'AUTEUR,

—

1864

Toute Boîte de Santé, qui ne sera pas revêtue d'une étiquette sous verre comme celle ci-dessous, sera réputée contrefaite, et le contrefacteur poursuivi suivant la rigueur de la loi.

La signature de l'auteur étant manuscrite, en l'imitant on exécuterait un faux en écriture privée.

Le prix de la BOÎTE DE SANTÉ *est de 70 fr. et au-dessus. Ce bain de vapeur peut servir à toute une famille et durer* **cent ans.**

BOITE DE SANTÉ
ou
DRAINAGE HUMAIN
BREVETÉ S. G. D. G.

Système dépuratif par la transpiration
Moyen inventé et popularisé par

Chaque ouvrage intitulé : *La Médecine de Dieu* devra porter l'étiquette ci-dessus avec la signature manuscrite de l'auteur.

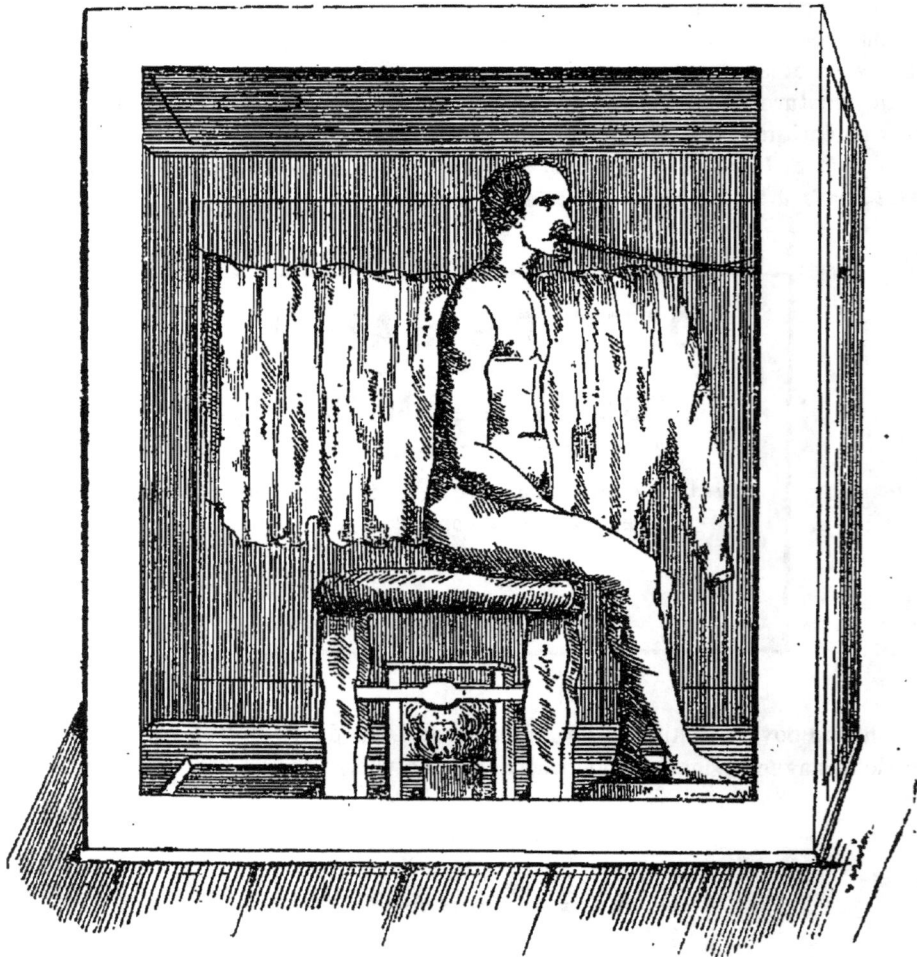

A L'HUMANITÉ

C'est après avoir essuyé toutes les déceptions, tous les insuccès de l'art de guérir que je me suis fait mon médecin ; c'est aussi ce que j'aurais dû faire depuis longtemps, je me serais épargné bien des tortures, j'aurais dépensé beaucoup moins d'argent et ne me serais pas drogué. Ces choses ne peuvent pas être bien appréciées des personnes qui n'ont pas été malades ; mais celles qui, comme moi, plus ou moins souffrantes pendant bien des années, et par malheur pour ceux qui gémissent, le nombre en est trop grand ; si ces personnes, dis-je, veulent comprendre qu'il est un moyen de guérir, simple, facile, commode, sans danger, économique, et le plus puissant de tous ceux qui existent, elles le réclame-ront pour en guérir leurs maladies les plus graves, et une fois en possession de la Médecine de Dieu, celle des hommes ne pourra plus les tromper.

J'ai pendant près de trente ans mis le *soi-disant art* de guérir à l'épreuve ; je crois que j'ai accordé un temps assez considérable aux médecins qui ont essayé de guérir ma maladie, sans succès, pour prouver l'impuissance de leur science. Il y a eu, et il y a de bons médecins, mais le talent se fait payer cher, voilà pourquoi nous, pauvres diables de prolétaires, ne pouvant puiser que dans les épluchures de la science de guérir, restons souffreteux, malingres, perclus, etc., parce que nous ne pouvons pas demander de conseils à la véritable source de la science médicale. Le grand nombre d'hommes que Dieu a créés pour le travail ne sont pourtant pas les moins utiles de tous ceux qui composent l'ensemble de la société. Les hommes qui produisent des œuvres de toute sorte sont des travailleurs ; retranchez de l'humanité ces

hommes indispensables, il restera des hommes riches qui ne
sauraient pourvoir à leurs besoins. Malgré d'aussi puissantes
considérations, nous n'en sommes pas moins restés jusqu'à
ce jour, nous, les travailleurs, les plus mal traités sous tous
les rapports.

Laissons les médecins vivants à ceux qui peuvent les payer.
Nous trouverons dans les livres des médecins qui sont morts,
beaucoup plus de savoir et bien moins à dépenser. Hippocrate, Boerhaave, Sydenham, Hoffmann, Helvetius, Rivière,
Sanchès, Mithié, Tissot, etc., etc., nous donneront des conseils
pour nous guérir de nos maladies au moins à la hauteur de
la science médicale d'aujourd'hui. En lisant les ouvrages qui
émanent des auteurs désignés ci-dessus, j'y remarque ceci :
que, pour détruire les maladies les plus graves, c'était
en employant la méthode de sudation qu'ils réussissaient
à guérir les malades; c'est ce que l'expérience m'a démontré. J'ai mis dans mon estomac à peu près de toutes
les drogues plus ou moins empoisonneuses qu'un apothi-
caire puisse avoir dans sa boutique. On comprend que
par cela même ma santé ne devait pas s'améliorer. Mais
en faisant usage de ma Boîte de Santé, à chaque bain
de sudation, je ressens une amélioration dans tout mon
être. Avec la certitude que j'ai de la supériorité de la méthode
de sudation sur toutes les autres pour guérir les maladies de
l'homme, je l'ai adoptée comme mon seul et unique moyen
de guérison. Ce n'est pas en égoïste que je veux profiter de
ma bienheureuse invention de ma Boîte de Santé; je veux
en faire profiter l'humanité tout entière, car les hommes
bien portants d'aujourd'hui sont les malades de demain. Oui,
je veux que chaque famille possède une Boîte de Santé pour
que, avec elle, il ne soit plus possible à une maladie de s'im-
planter pendant vingt-quatre heures dans les organes d'un
homme vivant. Le prolétaire n'a pas le temps d'être malade ;
en travaillant beaucoup, il gagne à peine pour se nourrir, lui
et sa famille ; le moindre chômage rend sa position malheureuse; qu'il survienne une maladie de quinze jours, les sang-
sues, les drogues, la perte de temps, etc., voilà toute la famille

dans une profonde misère. En général, et surtout dans la classe ouvrière, les maladies ne proviennent que de la suppression de la transpiration, maladies que toujours on peut guérir dans un quart d'heure avec la Boîte de Santé.

Les bains de vapeur sont connus depuis que la Terre a commencé de tourner. Je n'ignore pas que plusieurs moyens ont été employés pour faire transpirer l'homme : comme le lit, le tonneau, le four à pain, le four à chaux, le sable brûlant, le fumier de cheval, la couverture de laine, etc., etc. Mais ce que je sais aussi, c'est que pas une des dix ou douze méthodes différentes n'offre un moyen facile, commode et sans danger pour faire transpirer. La Boîte de Santé, par toutes les bonnes qualités qui la caractérisent, rendra plus de services pour la cure des maladies que toutes les drogues réunies.

C'est dans l'intérêt des personnes malades et de celles qui peuvent le devenir que j'engage les familles à faire l'acquisition d'une Boîte de Santé avant d'en avoir besoin. Lorsque le mal est venu, il ne donne pas toujours le temps de se procurer ce qu'il faut pour le détruire.

B.-M. BARRIÈRE.

DIEU

EST LE PREMIER MÉDECIN DE L'UNIVERS

L'EAU

est le plus simple mais le plus puissant médicament qu'il y ait sur la Terre

---

LA TRANSPIRATION

constitue la meilleure méthode dépurative

LA BOITE DE SANTÉ

est le plus parfait de tous les bains de vapeur

LES BAINS DE VAPEUR PUBLICS

exposent à bien des dangers et sont ruineux

Avec une **BOITE DE SANTÉ**, on se soigne chez soi, avec sa famille, sans déplacement et sans frais.

L'EAU

est le plus simple mais le plus puissant médicament
qu'il y ait sur la Terre

Par B.-M. BARRIÈRE

Art. 1. L'eau peut produire des effets diamétralement opposés, selon qu'on l'emploie : froide, tiède ou chaude. Je vais indiquer la manière de l'employer à ces différentes températures :

L'eau froide.

2. L'eau, à cette température, est un réfrigérant répercussif, diurétique, rafraîchissant, stomachique, délayant, etc., etc.

Pour les meurtrissures, brûlures, écorchures, coupures, maux de tête, les plaies en général, il faut appliquer une compresse trempée dans de l'eau froide, et la renouveler plus ou moins souvent, suivant la gravité du mal.

L'eau tiède.

3. L'eau, à cette température, n'attire ni ne répercute les liquides du corps. On se sert de l'eau tiède pour les bains ordinaires, pour laver les plaies, pour les clystères, etc., etc.

L'eau chaude.

4. L'eau, à cette température, appliquée à l'extérieur, attire le sang et les autres liquides ; on s'en sert pour fomenter une partie du corps refroidie. Un bain de pieds pris dans de l'eau bien chaude attire le sang dans cette partie. L'eau bien chaude bue par verrées, à cinq ou six minutes d'intervalle, est un dissolvant par excellence ; elle est aussi le plus doux mais le plus puissant dépuratif en la buvant, ainsi qu'il vient

d'être dit, avant d'entrer dans la Boîte de Santé, pour faire transpirer, etc. On voit que l'eau peut servir à toutes les indications de la médecine. Voici, du reste, ce qu'en dit un célèbre médecin :

Extrait d'un ouvrage de médecine du docteur SMITH
(1725) (1)

5. « J'observe que l'eau seule renferme les bonnes qualités
» de tous les autres remèdes ; que, sans elle, ces derniers, bien
» loin de produire les bons effets qu'on en doit attendre,
» seraient plutôt pernicieux ; qu'elle nourrit, et que c'est
» même le meilleur de tous les aliments.

» Les principales espèces de remèdes que nous connoissons
» internes, ce sont des purgatifs, des émétiques, des diurétiques
» des sudorifiques, des cordiaux, des rafraîchissants, des adou-
» cissants, des délayants et des stomachiques : on peut réduire
» à ceux-ci tous les autres. Je vais prouver que l'eau a toutes
» ces qualités.

» De tous les purgatifs, je n'en connois pas de meilleur ni
» de plus innocent : elle humecte, ramollit et relâche douce-
» ment les glandes et les vaisseaux des intestins, du pancréas,
» du foye, etc. A la vérité, ce n'est qu'après un long usage
» qu'elle produit ces bons effets. Les glandes et les vaisseaux
» de ces parties s'étant relâchés, il est évident qu'il s'échappe
» plus de liqueur qu'à l'ordinaire. Elle délaye les sucs épais
» et grossiers, et les met en état de couler et de sortir par les
» selles. En effet, on remarque que ceux qui sont naturelle-
» ment fort resserrées n'ont qu'à boire beaucoup d'eau pour
» se guérir. Dans les maladies aiguës et ardentes, lorsqu'un
» médecin ordonne de faire boire beaucoup d'eau à ses ma-
» lades, elle leur lâche le ventre et produit les effets des
» purgatifs. Que ce soit le plus innocent des purgatifs, per-
» sonne n'en disconviendra, puisque tout le monde en boit;
» et que par elle-même elle ne produit jamais aucun fâcheux

(1) Tous les extraits d'ouvrages de médecine reproduits dans cette brochure sont copiés textuellement.

» accident ; au lieu qu'il n'est point de purgatif qui , donné à
» une certaine dose, ne soit un vrai poison. » *(Pour plus de
détails, voir l'ouvrage du docteur* Smith.*)*

QUELQUES PREUVES DE LA VERTU DE L'EAU COMME MÉDICAMENT

Par B.-M. BARRIÈRE

—

L'eau commune a toujours pour guérir le malade
Une grande vertu , car un docteur savant
A donné sur ce point une longue tirade
Où il prouve partout son effet bien puissant.

Pour citer un exemple, il écrit qu'une dame ,
Devant aller aux eaux pour tâcher de guérir,
Fut par quelque raison qu'elle garde en son âme
Contrainte de rester en son château souffrir.

Affaires avant tout, voilà la destinée !
La dame y souscrivit, mais non sans mal au cœur.
Enfin, un certain jour, fouillant dans sa pensée,
Assise au bord de l'onde, étreignait sa douleur.

Sur le joli ruisseau, l'œil de la châtelaine
Semblait magnétiser le courant de cristal,
Et, lui disant tout bas le secret de sa peine,
Le suppliait aussi de lui guérir son mal.

La réponse de l'eau ne fut qu'un doux murmure
Que cette belle dame écouta vainement ;
Mais Dieu qui lit au cœur de toute créature
Lui dit : Buvez de l'eau, buvez abondamment.

Le lendemain du jour qu'elle fut inspirée,
La dame en prit six fois plein un verre en vermeil.
Ainsi pendant vingt jours, à chaque matinée,
Elle buvait de l'eau quand venait le soleil.

Au bout de ce temps-là, la blanche châtelaine
Sentit dans sa santé la force revenir ;
Ce qui lui fit penser que l'eau de sa fontaine,
Comme des autres lieux, pouvait aussi guérir.

On peut dans tous pays, sur toute la nature,
Où l'on trouve de l'eau, se guérir de son mal.
C'est ce que par deux vers gravés sur pierre dure,
On voit à la fontaine, auprès du piédestal.

Ces vers veulent prouver que le charlatanisme
Aide certains docteurs bien plus que leur savoir ;
Si nous voulons chacun cesser d'être victime,
Retenons bien ces vers de la dame au manoir .

> L'acier n'est que tromperie,
> L'eau simple conserve la vie.

Je vais vous raconter encore une autre histoire
Qui me vient d'un ami, de plus, d'un bon docteur ;
La chose est véridique, et nous pouvons la croire :
Celui qui la narrait n'est certes pas menteur.

Un brave Limousin, habitant la campagne,
Était depuis longtemps souvent indisposé ;
Un certain jour il sent que la fièvre le gagne,
Alors chez le docteur il courut empressé.

— Bonjour, dit le paysan, bonjour Monsieur Delage :
C'est le nom du docteur et d'un homme savant ;
Le médecin lui dit : Bonjour, comme est l'usage ;
Puis il lui demanda, du moins apparemment :

— Depuis combien de temps êtes-vous donc malade?
Mangez-vous, buvez-vous, dormez-vous, souffrez-vous ?
— Je dors peu, ne bois pas ; mais j'aime la salade !
Voilà bien le meilleur de ce qu'on a chez nous.

— Le meilleur, dites-vous? Le docteur plus sévère
Lui conseilla plutôt un bon morceau de bœuf ;

Un bon bouillon aussi serait plus salutaire,
Mais l'avare paysan se contentait d'un œuf.

— Voulez-vous mon conseil, en bonne médecine,
Prenez d'Eau de Vichy huit grands verres par jour,
Et bien avant un mois, faisant bonne cuisine,
Vous sentirez venir la faim de jour en jour.

La voix du médecin fut par l'homme écoutée;
Puis il dit, de nouveau, bonjour à son docteur,
Et retournant chez lui chercha dans sa pensée
Pourquoi l'Eau de Vichy guérirait sa douleur.

Comment, se disait-il, l'eau de notre rivière
Ne vaudrait-elle pas celle d'un autre lieu?
Pour me guérir je veux l'essayer la première,
Car ici, comme ailleurs, elle nous vient de Dieu.

La raison du paysan ne me paraît pas bête ;
Ce qui le prouve bien, c'est qu'il sut se guérir.
Il fut bien inspiré d'ainsi faire à sa tête,
Et de boire au plus près pour cesser de souffrir.

Un pauvre diable enfin, c'est ma dernière histoire,
Atteint de la suette, un formidable mal,
Était si malheureux qu'il n'avait qu'eau à boire,
Et la buvait au lac comme fait l'animal.

Ce garçon fut heureux d'être dans l'indigence,
Car des milliers de gens mourraient de ce fléau,
Lorsqu'un pauvre berger fut par la Providence
Guéri de tout son mal en buvant beaucoup d'eau.

Dieu lui rend la santé par de l'eau toute pure,
Lorsque de tous côtés, par les soins du docteur,
La mort les assemblait dans une sépulture
Et entassait ainsi le produit de l'erreur.

Après contrôle fait, en bonne conscience,

On doit croire que l'eau est un puissant moyen ;
Et qu'au lieu de courir aux quatre coins de France,
On la prendra chez soi pour se faire du bien.

La Boîte de Santé, puis de l'eau de fontaine,
Suffiront pour guérir un mal de quelques jours :
Courbature, coup d'air, impression soudaine
Qu'on a du chaud au froid se guérira toujours.

Mais lorsqu'il faut tarir une douleur profonde
Qui date de longtemps et fait beaucoup souffrir,
C'est dans les végétaux puisés sur notre monde
Qu'on trouve la vertu qui sert à nous guérir.

J'ai de savants docteurs qui, pour la médecine,
Indiquent par écrit et sans aucun détour
Les végétaux qu'il faut pour guérir la poitrine ;
C'est bien plus, tous les maux guériront sans retour.

Ces excellents docteurs ne sont plus sur la Terre,
Ils sont auprès de Dieu dans un bon petit coin ;
Mais c'est en leurs travaux que le malade espère,
Ils guérissaient de près, ils guériront de loin.

C'est donc chez ces bons cœurs possédant la science
Que chaque jour je cherche en des livres poudreux
Ce qu'il faut pour guérir, et, j'en ai l'assurance,
Ce que j'y puiserai nous rendra tous heureux.

Heureux, car la santé, le vrai bien de ce monde,
Ne saura plus nous fuir, où la Boîte aussitôt
L'extirpera séant, et le meuble à la mode
Sera notre docteur savant sans dire un mot.

BOITE DE SANTÉ OU DRAINAGE HUMAIN

(La raison de ce titre est l'analogie qui existe entre les maladies de
l'homme et celles de la Terre.)

Les maladies de l'homme sont occasionnées par les mucositées provenant de la suppression de la transpiration ; ces matières décomposées donnent naissance à des maux plus ou moins graves, selon qu'elles obstruent des organes plus ou moins essentiels à la vie, et que leur séjour y est plus ou moins prolongé. La transpiration est le moyen le plus naturel, le plus simple, le plus rationnel, le plus facile, le plus à la portée de tout le monde, le plus économique, le plus rapide, le plus sûr, le plus à l'abri du danger et le plus *puissant* pour détruire les maladies en expulsant du corps les fluides impurs, ce qui s'obtient par la Boîte de Santé d'une manière parfaite.

La maladie de la terre n'existe que par des eaux croupissant à sa surface ; la stagnation de ce liquide fait qu'il s'y décompose, corrompt la nature du sol par son contact, et constitue ainsi la maladie. On débarrasse la terre de cette impureté en plaçant d'une manière convenable des tuyaux ou drains au foyer du mal, de façon à obtenir l'évacuation de toutes les matières viciées ; l'évacuation obtenue, la terre est remise à son état normal.

Le drainage est connu depuis bien des siècles, et, malgré l'*importance* de cette *bonne* chose, elle n'en était pas moins restée dans l'*oubli*. La société devra donc être éternellement reconnaissante à S. M. l'Empereur Napoléon III pour avoir fait revivre et populariser le drainage. Sa Majesté, en sortant le drainage des catacombes où l'insouciance l'avait laissé descendre, a rendu un immense service à l'agriculture.

La transpiration a toujours été le plus puissant moyen pour détruire les maladies de l'homme ; mais il est délaissé depuis longtemps, faute d'un système de bain de vapeur réunissant de bonnes qualités. Aujourd'hui la Boîte de Santé va remplir ce vide d'une manière parfaite, ce qui me fait espérer que le drainage humain sera à la santé de l'homme ce que celui ressuscité par S. M. l'Empereur Napoléon III est à la santé de la terre. (B.-M. B.)

BOÎTE DE SANTÉ OU DRAINAGE HUMAIN ; SON UTILITÉ

Ce bain de vapeur est appelé à rendre les plus importants services. Quelle supériorité avec tous les systèmes existants plus ou moins dangereux! Les uns asphyxient les malades ou les empoisonnent en les entassant dans un même local. Dans certains établissements, on fait mettre les patients dans des caisses de sudation, où les sangles qui supportent le malade sont sirupeuses par les égouts des lépreux qui s'y sont successivement placés, etc. Je crois que, lorsque la Boîte de Santé sera connue, les bains de vapeur publics seront justement délaissés ; car dans ces établissements on porte, en général, peu d'intérêt aux malades. Pour s'en convaincre, on peut lire ce qu'en a écrit un médecin, à l'article 66. Il y a une chose très-importante que fera éviter la Boîte de Santé : c'est le déplacement surtout lorsqu'on habite la campagne. De plus, les bains pris aux établissements publics sont ruineux. Il n'y a que des personnes très-riches qui puissent s'y faire soigner. On ne doit pas oublier le danger de gagner des maladies graves par la contagion. Je viens de dire qu'il n'y a que les personnes qui ont de la fortune qui peuvent, s'il en est besoin, prendre un grand nombre de bains de vapeur. Je sais qu'on peut m'opposer qu'il y en a à fort bas prix. Mais à quelle condition, bon Dieu! Dans certains établissements, on fait mettre ensemble trente ou quarante malades avec des maladies plus ou moins graves, transpirant et respirant à pleins poumons les émanations qui s'exhalent de leurs pourritures respectives. Pouah! Et on appelle cela donner des bains de vapeur à bon marché. Faut-il avoir beaucoup d'intelligence pour comprendre que ce sont les plus chers? Pour que vous soyez convaincus par un homme de la science médicale, lisez les articles 66, 76 et 77. Si vous lisez les articles 69, 70, 71, 72, 73, 74 et 75, vous verrez que les hommes se sont occupés à une époque reculée de prendre des mesures pour empêcher les maladies contagieuses chez les brutes. Et aujourd'hui, près de quatre-vingt-dix ans plus tard, dans un siècle de lumières, d'autres hommes font publiquement empoisonner leurs semblables en les persuadant qu'ils se guériront de leurs maladies dans des étuves où pêle-mêle trente ou quarante malades, plus ou moins gravement malades de maladies contagieuses, vont par la transpiration remplir l'air des émanations putrides qui s'exhalent de leurs corps respectifs. Et comme s'ils regrettaient le poison qui s'échappe par leurs pores, ils le reprennent en le respirant à pleins poumons..... Chaque malade ne paye que 75 centimes, c'est vrai; mais il vaudrait mieux, pour les pauvres diables qui se vautrent dans de pareils bouges, payer le double et ne pas y entrer.

La médecine en fondant l'hydrothérapie, ou plutôt en la faisant revivre, car c'est la plus ancienne méthode et la plus puissante pour détruire les maladies de l'homme; lorsque la médecine a remis contre le gré de la majorité des médecins cette excellente méthode sur pied, dis-je, elle a fait, à l'égard du prolétaire, ce que fit le gendarme qui p....... sur la tête de Mayeux..., elle ne l'a pas aperçu, sans cela elle eût créé des établissements non empoisonneurs et abordables, pour le prix, par cette intéressante classe laborieuse qui travaille beaucoup, gagne peu, et est écrasée par le prix des médicaments lorsqu'elle a le malheur d'être malade. Puisque la médecine nous oublie, je vais tâcher de réparer ce manque d'attention à notre égard par la popularité que je vais donner à ma Boîte de Santé ou bain de vapeur réunissant tous les avantages. Ainsi, plus de déplacement, plus de prix fabuleux, plus de crainte de gagner de graves maladies par la contagion. Ayant toujours la Boîte de Santé à sa disposition, aussitôt que le mal sera arrivé, aussitôt on le déposera dans la précieuse Boîte. Là on transpire comme on veut, avec la tête hors de la Boîte de Santé ou en y comprenant cette partie essentielle de l'organisme (voir les articles 45 et 46). On peut dire que le tuyau que j'ai disposé dans l'organisation de ma Boîte de Santé, pour faire respirer l'air parfaitement pur de l'appartement où le malade se trouve placé pendant que le corps est entièrement dans la Boîte de Santé, est la

2

plus heureuse découverte que l'homme ait jamais inventée pour la santé de l'espèce humaine. Je puis dire que je suis le premier qui ait pensé à cette excellente chose ; car, pas plus dans l'antiquité que de nos jours, ce moyen n'a jamais été employé. On s'est jusqu'à présent contenté de faire transpirer le corps du malade en laissant la tête à l'extérieur du bain de vapeur ; de sorte que la partie la plus importante de l'organisme, qui ordinairement est le point où la maladie à son siége principal, gardait le germe du mal pour le reproduire dans les autres organes d'où il était sorti par la transpiration. J'ai déjà dit dans quelle dégoûtante condition se trouvaient les malades qui prenaient des bains de vapeur dans certains établissements publics, c'est-à-dire d'y être asphyxiés ou empoisonnés comme l'a écrit un médecin aux articles 66, 76 et 77. Pour obvier à une chose que la loi même ne devrait pas tolérer, quelques personnes, au lieu de faire transpirer les malades en les mettant ensemble dans un même local, les font placer un à un dans un cabinet de sudation ; mais toujours en leur faisant respirer les émanations des fluides viciés qui sortent du corps par la transpiration. Au lieu d'un grand nombre de malades réunis, il n'y en a qu'un, c'est vrai, mais celui-là, quoique seul, respire à pleins poumons le venin que la transpiration fait exsuder par ses pores. Il n'y a donc qu'un seul moyen convenable sous tous les rapports : c'est de se servir, pour prendre des bains de sudation, de la Boîte de Santé, où tout le corps est compris dans le bain de vapeur. Avec la grande facilité de respirer, par un tuyau, l'air parfaitement pur de l'appartement où l'on est placé, je pense que le public clairvoyant rendra justice à ma découverte en adoptant ma Boîte de Santé pour se guérir spontanément des maladies qui peuvent l'assiéger. (B.-M. B.)

INSTRUCTION POUR LA BOÎTE DE SANTÉ

La première chose à faire pour construire la Boîte de Santé, c'est de mettre le châssis qui contient la cuvette en zinc auprès du lit où l'on veut prendre le bain de sudation, et mettre successivement en place tous les panneaux qui composent cet appareil. Ainsi mettre la lettre tracée au bas de chaque panneau en regard de la même lettre placée au châssis de la cuvette. Les panneaux ainsi disposés, on doit les assujétir par les crochets qui y sont disposés à cet effet; cela terminé, on doit placer le siége à une hauteur convenable, selon que l'on veut se mettre entièrement dans la Boîte de Santé ou que l'on veut en excepter la tête. Avant de faire asseoir le malade, on place les deux plus grands godets dans lesquels on met à peu près la moitié de leur contenance d'esprit-de-vin, qu'on allume avant de faire entrer le patient dans la Boîte de Santé. Lorsque le malade est assis, on place le couvercle de la Boîte de Santé, qu'on fixe par les crochets. Par la petite porte établie au panneau de la Boîte, on peut éteindre la flamme de l'esprit-de-vin en couvrant les godets, ou ajouter le troisième godet si le malade transpirait difficilement. Lorsque le malade trouve qu'il a assez transpiré, on couvre les godets, et le patient s'essuie avec le linge qui doit être préalablement placé sur les cordons fixés à l'intérieur de la Boîte de Santé. Le malade s'essuie lentement pour laisser la chaleur s'évaporer, afin de ne pas continuer de transpirer dans le lit.

On doit placer la Boîte de Santé de telle sorte que le panneau qui sert de porte soit disposé le mieux possible pour permettre au malade d'entrer facilement dans le lit.

Il est très-important que le lit du malade soit chauffé, même l'été, pour éviter une transition subite de température.

DE LA TRANSPIRATION

Par B.-M. BARRIÈRE

6. La transpiration a été dans les temps anciens comme aujourd'hui considérée, avec raison, comme le plus puissant

moyen pour guérir les maladies de l'homme; mais les systèmes très-défectueux, très-dangereux même qu'on employait
pour obtenir cette dépuration du sang faisaient qu'on ne s'en
servait qu'à la dernière extrémité de la maladie. Il y a
quarante ou cinquante ans qu'à l'hôpital Saint-Louis, à
Paris, on fit établir de grandes caisses pour faire prendre des
bains de vapeur. Ces bains produisaient et produisent aujour-
d'hui de très-bons effets; mais lorsque cent malades ont
besoin de prendre des bains de sudation à l'hôpital Saint-
Louis, deux ou trois seulement peuvent en profiter. Aujour-
d'hui, reconnaissant que les bains de vapeur sont supérieurs
aux autres méthodes pour la guérison des maladies, on les a
multipliés. Mais, hélas! les bains de vapeur publics ont bien
des inconvénients : le premier, qui n'est pas le moins important, c'est le déplacement surtout pour les malades éloignés
des villes qui possèdent de ces sortes de bains; le deuxième,
c'est de faire transporter le linge nécessaire; car je ne suppose pas que l'on veuille s'exposer à s'envelopper le corps
avec du linge qui a essuyé les dangereux égouts des maladies
les plus graves et si faciles à gagner par la contagion. Oh! la
contagion des mauvaises choses..... Pouah!..... Si tous les
hommes comprenaient bien le danger de cette infernale chose,
ils n'entreraient jamais dans un établissement où l'on soigne
un certain nombre de malades; l'air y est vicié, empoisonné
par les molécules putrides qui s'exhalent du corps de chaque
malade. La troisième, c'est que, lorsqu'on a pris un bain de
sudation, il faut rester plusieurs heures pour laisser le corps
revenir à son état normal, et malgré cette précaution, s'il fait
froid ou humide, le malade est exposé à augmenter son mal
au lieu de le voir se diminuer. Si on prend un certain
nombre de bains, cela devient ruineux pour bien des personnes.
Chez M. D..., on payait 10 fr. par bain ou 25 fr. par jour,
etc., etc., etc.

J'ai été possesseur d'une gastrite pendant vingt-sept ou
vingt-huit ans sans que le génie médical même de la capitale ait pu m'en débarrasser. J'étais sur le bord de la tombe,
lorsque, avant d'y descendre, il me vint à l'idée de faire infi-

délité à la médecine ordinaire pour me jeter dans les bras
de l'hydrothérapie. Il est bien entendu que, malgré la bril-
lante théorie qui sert de parure à une vieille mais bonne
méthode qui date du père Adam, je n'étais pas disposé à me
plonger dans l'eau froide au sortir du bain de transpiration.
Après avoir pesé tous les inconvénients dont je viens de
parler, je ne vis d'autre moyen que de faire établir chez moi
ma Boîte de Santé ; c'est ce que je fis exécuter par un menui-
sier. Je réussis parfaitement, et mon bain ne me revenait
qu'à 25 centimes, avec l'agrément d'être dans ma chambre.
Voilà ma Boîte de Santé bien établie ; mais elle avait un
mètre cube, et ne pouvait pas être démontée, ce qui devenait
très-gênant et très-disgracieux ; de plus, on ne pouvait la
sortir de l'appartement pour l'utiliser ailleurs. Je me mis à
faire des plans, des modèles en cartons pour tâcher de la
former par des panneaux qui pussent être montés et
démontés à volonté. J'ai beaucoup travaillé, j'ai dépensé
beaucoup d'argent, mais je suis convaincu par l'expérience
que la Boîte de Santé dont je vais faire profiter l'humanité est
la chose la plus commode et la plus utile de toutes celles qui
existent pour la santé de l'homme.

Il est facile de choisir entre les inconvénients des bains
de vapeur publics et l'agrément de pouvoir se soigner chez
soi avec la Boîte de Santé.

Par la transpiration, on doit obtenir la dépuration du sang,
suivant l'âge du malade, l'ancienneté de la maladie, etc. Un
homme bien portant, qui passe subitement d'un état de transpiration dans une température froide, gagnera un rhume,
courbature, fluxion de poitrine, sang glacé, etc., selon que
la différence du chaud au froid sera plus ou moins sensible.
Mais dans tous ces cas de maladies plus ou moins graves,
comme le mal n'a pas eu le temps de poser de profondes
racines, il faut faire suer abondamment le malade, c'est-à-
dire qu'au lieu de le laisser transpirer dans la Boîte de Santé
un quart d'heure de temps, on le fera suer pendant vingt-cinq
ou trente minutes pour le débarrasser de son mal par ce seul
bain. Lorsqu'on a à faire à une maladie chronique, et chez un

sujet d'un grand âge, comme l'organisme est usé, et qu'il faut prendre un grand nombre de bains de vapeur, on doit commencer la cure de la maladie en faisant transpirer très-peu au début; puis au fur et à mesure que, par la dépuration du sang, le malade prend de la force, on augmente la transpiration, et on arrive par ce moyen à lui faire recouvrer la santé.

Le moment le plus favorable pour prendre un bain de vapeur, c'est le soir, avant de se coucher.

Extrait d'un ouvrage de médecine du docteur HELVETIUS

Sudorifique

7. Parmi le grand nombre de sudorifiques plus ou moins ridicules que je trouve dans l'ouvrage de médecine du docteur Helvetius, je vais donner connaissance de l'un d'eux qui fait hausser les épaules de pitié et de dégoût; le voici :

« Prenez le poids de quatre onces de fiente de mulet ou, à
» son défaut, de cheval entier. Mettez-la dans un pot de terre;
» versez-y dessus un demi-septier de bon vin blanc (il est
» bien employé). Faites infuser le tout sur des cendres
» chaudes pendant six heures, ensuite de quoi vous le pas-
» serez par une étamine avec expression (il serait dommage
» de perdre ce bon suc). Faites avaler ce breuvage (ce doux
» breuvage) au malade le plus chaud qu'il se pourra (il y a
» pourtant cela de bon); après quoi vous aurez soin de le bien
» couvrir, de lui appliquer en même temps un cataplasme
» sur la partie douloureuse, et de lui faire observer exacte-
» ment le régime que je viens de marquer pour la poudre
» sudorifique. »

Voilà par écrit le génie d'un fameux docteur d'autrefois. On le gratifierait aujourd'hui du titre pompeux de prince de la médecine, et, malgré cette vaine gloriole, il n'en serait pas moins un faiseur de dégoûtants ragoûts. Il n'a pas dû chercher seul pour trouver une aussi bonne chose ; qu'en pensez-vous, Messieurs les malades? Je crois que le patient qui devait avaler une pareille horreur suait avant, pendant et après l'avoir avalée.

J'aime à croire que, non plus que moi, personne n'admettra que la fiente ou crottin de n'importe quel animal, etc., puisse avoir une grande vertu comme sudorifique; car dans d'aussi dégoûtantes sauces que je n'aurai pas le courage de faire prend à une brute, il n'y a que l'eau qui agit comme sudorifique, et elle remplirait mieux cette indication si elle était seule, parce que, alors débarrassée d'une pareille bouillie, ses molécules plus ténues, plus missibles pénètreraient bien plus facilement dans les veines lactées pour y dissoudre et en chasser les matières qui en encombrent l'organisme. (B.-M. B.)

Extrait d'un ouvrage de médecine du docteur S... DE R...

8. Chercher la vérité et la dire franchement, qu'elle soit pour ou contre nous, c'est un devoir qu'il faut remplir.

Extrait d'un ouvrage de médecine du docteur M***
(1859)

9. Notre époque a été féconde en innovations de tout genre; les plus brillantes n'ont pas toujours été les plus utiles; la reconnaissance de l'humanité rangera parmi les meilleures celles qui touchent à l'art de guérir : la vaccine, la lithotritie, l'hydrothérapie, les prodiges de l'auscultation, presque aussi étonnants que les prodiges du chloroforme.

Il importe peu qu'une ou plusieurs de ces grandes découvertes aient été faites en dehors du corps médical; il les a adoptées, cela suffit. L'astronomie ne s'enrichit-elle pas d'une découverte faite par un médecin? Les sciences sont sœurs; elles s'éclairent et s'inspirent mutuellement; il y a entre elles un continuel échange de services.

Extrait d'un ouvrage de médecine du docteur A. G***
(1858)

10. Si on veut guérir promptement une maladie, sitôt qu'on se sent indisposé, on doit se traiter comme si on était véritablement malade, pour annihiler les affections symptomatiques le plus promptement possible, car plus on cherche à temporiser, plus le mal fait des progrès rapides. Dans ce cas, et avant tout espèce de traitement, on doit provoquer une transpiration abondante et prolongée pour remettre le sang en mouvement et en circulation, en le purifiant du virus ou du germe de la maladie qui cherche à se fixer intérieurement sur l'un ou l'autre des organes de la vie.

Extrait d'un ouvrage de médecine du docteur P***
(1858)

11. C'est surtout dans les maladies chroniques, constitutionnelles, que l'emploi des sudorifiques est indiqué. La vérole, le rhumatisme, la goutte, la scrofule, la cachexie mercurielle, la diathèse purulente réclament l'emploi de ces moyens. En favorisant la tendance vers la peau, les sudorifiques présentent à chaque instant le sang et les produits morbides qu'il contient au plus vaste émonctoire de l'économie, et chaque jour, à chaque instant, un peu de la cause morbifique est éliminée. Par cela même que ces médicaments n'épurent que lentement et en détail, ils doivent, surtout dans les maladies chroniques, où la cause est si inhérente et se régénère si facilement, ils doivent, disons-nous, agir longtemps dans le même sens. Ainsi dans les véroles constitutionnelles, dans les rhumatismes, etc., les sudorifiques seront-ils continués pendant trois, six, dix mois, et quelquefois même davantage, en ayant soin d'en interrompre l'usage pendant quelque temps pour y revenir ensuite.

Extrait d'un ouvrage de médecine du docteur DELESCURE
(1703)

Rhumatismes, paralysies, gouttes-sciatiques, toutes les fièvres, douleurs de nerfs, etc.

12. Les pauvres gens de la campagne y sont fort sujets. On les fera suer dans un tonneau couvert avec de l'eau-de-vie dans une écuelle de terre où l'on met le feu, que le malade remue avec un bâton. En un moment, on est tout en sueur; il n'en coûte pas cinq sols.

Tous les maux ci-dessus, dans leur naissance, guériront radicalement dès la première sueur.

On entrera nu dans le tonneau, et on prendra huit onces d'eau tiède. (Pour mon usage particulier, je la prends aussi chaude que je puis la supporter pour qu'elle pénètre plus facilement dans tous les tissus de l'organisme, y dissoudre les matières impures qui constituent la maladie, et les expulser par une abondante transpiration. Toutes les maladies aiguës, comme : refroidissement, coup d'air, rhume, fluxion de poitrine, pleurésie, sang glacé, etc., sont guéries par un seul bain de transpiration. Pour les maladies chroniques, on ne peut pas limiter le nombre de bains de sudation, qui varient toujours en raison de la gravité du mal, de l'ancienneté de la maladie, de l'âge du sujet, de la saison, etc. Ce qu'il faut pour détruire une maladie chronique, c'est de la persévérance dans le traitement. B.-M. B.)

Extrait d'un ouvrage de médecine du docteur D***
(1859)

Hygiène des goutteux pour prévenir et guérir cette maladie

13. Comme le défaut de transpiration est la cause principale de cette maladie, nous ne saurions trop recommander aux goutteux et aux personnes atteintes de rhumatismes articu-

laires de surveiller l'action de la peau qui sert par la transpiration à débarrasser notre corps d'une quantité énorme de
matières qui lui seraient nuisibles. Sans vouloir donner la
composition chimique de la sueur, nous dirons seulement
qu'on y a reconnu la présence des acides acétiques et du sel
marin ou de cuisine, etc. Il est évident que, quand la transpiration n'a pas lieu, toutes les matières restent dans le corps
pour se mêler dans le sang, qui contient une substance semblable au blanc d'œuf (albumine), qui s'épaissit par la présence d'une trop grande quantité d'acides et de sels, et forme
un dépôt qui va se placer dans les articulations pour former
des nodosités.

Les goutteux devront donc faire un exercice modéré pour
activer la transpiration, habiter autant que possible des maisons aérées et sans humidité, éviter les brouillards, porter de
la laine sur le corps.

Les aliments doivent être substantiels et pris en petite
quantité, et souvent, pour ne pas fatiguer l'estomac. L'usage
du thé, tilleul, et un léger café sans spiritueux, convient pour
activer la transpiration.

Extrait d'un ouvrage de médecine du docteur Buchan

(1788)

14. On regarde en général *l'insensible transpiration* comme
l'évacuation la plus abondante de toutes celles qu'éprouve le
corps humain. Elle est d'une si grande importance pour la
santé, que nous ne sommes exposés qu'à un très-petit nombre
de maladies tant qu'elle a lieu ; mais dès qu'elle est *supprimée,*
tout le corps devient malade.

De ce que cette *évacuation* est la moins sensible de toutes
celles auxquelles nous sommes sujets, nous y faisons moins
d'attention. De là, il arrive que les *fièvres aiguës,* des *rhumatismes,* des *fièvres intermittentes,* etc., se manifestent avant
que nous soyons avertis de leur cause, qui est la *suppression*
de toute *transpiration.*

C'est une chose reconnue que *les rhumes tuent plus de monde que la peste*. En examinant nos malades, nous trouvons, en effet, que la plupart doivent leurs *maladies*, soit à des *rhumes* violents qu'ils ont soufferts, soit à des *rhumes* légers qu'ils ont négligés. Au lieu donc de faire une recherche critique de la matière de la *transpiration*, de ses variétés dans les diverses saisons, dans les divers climats, dans les diverses *constitutions*, etc, nous allons exposer les causes qui, le plus communément, sont capables de supprimer cette *évacuation*. Nous ferons voir qu'avec une attention convenable, on peut échapper et à ces causes et à leurs effets. Le seul défaut à cette attention coûte annuellement à l'Angleterre (et dans la plus grande partie de l'Europe) plusieurs milliers d'hommes des plus utiles.

REMÈDE CONTRE LA PESTE

Par le docteur MIZAULD

15. « Plusieurs médecins de grande autorité et fort anciens » certifient qu'il y a une pierre de très-grande efficace contre » les poisons. Jules Scaliger et Amatus Lusitain se glorifient » d'en avoir vu une telle, et enseignent qu'elle est efficace » lorsqu'on la donne aux pestiférés avec un peu de vin, car » elle fait suer en si grande abondance qu'on dirait que le » corps se fond et se liquifie entièrement, et, par ce moyen, » le venin de la peste est chassé dehors. »

Comme cette pierre n'est qu'un secret de charlatan, il reste évident que toute la puissance sudorifique appartient au liquide qu'on veut bien employer, et l'eau est le meilleur.....

B.-M. B.

Extrait d'un ouvrage intitulé : Polythermes de la Gironde

Par P*** A*** (1851)

16. Sous le rapport hygiénique, je crois, dit le docteur Clot-Bey, que les bains orientaux sont salutaires au plus haut point, parce qu'ils assurent et procurent la propreté la plus radicale, et qu'ils produisent les plus heureux effets comme préservatifs, en maintenant dans toute leur énergie les fonctions de la peau, si importante à l'équilibre de l'économie animale. Aussi, à peine un Turc, un Égyptien ou un Arabe éprouve-t-il la moindre douleur, la plus légère courbature, de la sécheresse, etc., qu'il se rend au bain, et en revient ordinairement délivré de ses souffrances. C'est encore à l'usage des étuves que les Orientaux sont redevables de guérir si facilement de maladies graves, telles que la *syphilis,* si commune en Orient, les *affections cutanées,* les *dartres,* la *lèpre,* etc. Je considère donc, continue le docteur Clot-Bey, les bains d'étuve comme l'un des moyens les plus efficaces d'une bonne hygiène, *et je fais des vœux pour que l'usage* s'en répande en Europe.

17. L'hygiène était presque toute la médecine des anciens. Elle est la principale base des lois de Moïse et de Mahomet, deux grands hommes doués d'un admirable esprit d'observation.

18. Ce fut de la Grèce que les étuves à vapeur passèrent en Russie. Les prêtres grecs qui les y importèrent par la mer Noire, imitant Moïse et Mahomet, en firent à leurs farouches prosélytes un devoir de religion. Ils suppléèrent ainsi au manque de médecins, et rendirent dans ces sauvages et glaciales contrées, les longs hivers moins rigoureux, les fonctions de la peau moins torpides, les maladies et les douleurs rhumatismales moins tenaces et moins pernicieuses. Les merveilleux effets curatifs obtenus dans toutes les Russies, et durant plusieurs siècles, par les étuves à vapeur, en ont fait aujourd'hui

une espèce de panacée populaire. On peut dire que la nation russe tout entière se retrempe, chaque samedi, dans la vapeur.

19. « Il est rare, dit un voyageur moderne, qu'après avoir
» passé une heure dans l'étuve, les Russes rapportent chez
» eux leurs souffrances. Les guérisons semblent tenir de la
» magie. Une maladie frappe-t-elle un paysan, il ne s'en
» inquiète pas plus que de la cherté des remèdes (dont il n'a
» que faire). Pour lui, le bain de vapeur, *plus habile que le*
» *médecin* moscovite, est le *guérisseur banal* de presque tous
» ses maux. Une cure s'opère ordinairement du soir au len-
» demain. J'ai été, continue notre spirituel voyageur, si
» souvent témoin de semblables guérisons, que je suis étonné
» qu'on ne place pas au fronton de chaque étuve cette simple
» inscription : DÉPÔT DE SANTÉ. »

20. Avant le grand incendie de 1812, Moscou ne comp-tait pas moins de 400 étuves publiques ou particulières. Saint-Pétersbourg et les autres villes de l'empire russe en ont un nombre proportionné à leur population. Chaque village possède au moins un établissement de ce genre. Dans cer-taines localités, l'empereur est obligé, sous peine de révolte, d'en entretenir à ses frais.

21. La rareté des médecins en Russie, en Perse, en Tur-quie et dans tout le Nord de l'Europe s'explique en partie par le grand nombre des étuves à vapeur.

22. Après le triomphe définitif du christianisme, on s'oc-cupa aussi du bien-être physique de la société nouvelle. Les étuves furent rétablies, non plus dans de gigantesques et somptueux monuments, mais dans de modestes maisons, où le public retrouva, du moins, tous les éléments hygiéniques des anciens thermes.

23. En France, sous les rois de la seconde race, les étuves éprouvèrent une nouvelle décadence; mais plus tard les Croisés, qui en avaient éprouvé dans l'Orient les plus salutaires effets, en ramenèrent l'usage dans leur patrie.

24. Au XIIIe siècle, ces établissements étaient déjà fort nombreux. Sous Charles V, les baigneurs, qui formaient plus

du tiers de la populatiou de Paris, prirent le nom d'*estuvistes*.

25. Un médecin du roi Charles VII, Jacques Despars, ayant commis *l'imprudence de critiquer l'usage des étuves*, faillit être lapidé par le peuple.

26. Au XVe siècle, le nombre des étuves était si considérable, qu'on ne fesait pas dix pas sans être arrêté par des crieurs. Il y avait à Paris et dans beaucoup d'autres villes des rues *des étuves*, qui ne contenaient que des maisons de bains. Tous les actes de la vie matérielle étaient précédés ou suivis d'un bain d'étuve.

27. Mais ces établissements s'altèrent, comme jadis à Rome, par le libertinage. Aussi ne tardèrent-ils pas à être prohibés de nouveau comme des lieux de débauche et de corruption. L'autorité eut sans contredit montré plus de sagesse si, consultant mieux l'intérêt de la santé publique, elle se fût bornée à faire observer ses ordonnances sur la police des étuves avec autant de vigueur qu'en mirent des empereurs romains en semblable occurence. Une des ordonnances de la police parisienne portait : *qu'aucun étuveur, tenant étuve pour hommes, ne pourrait en chauffer pour femmes, et* vice-versa, *sous peine d'amende. Il était défendu de chauffer les jours de fête et les dimanches. L'entrée des étuves pour femmes était interdite à tout enfant âgé de plus de sept ans.* D'autres ordonnances plus ou moins sévères réglaient la police de l'intérieur des étuves. En veillant à leur exécution, il eût été facile de rétablir l'ordre et la décence dans ces établissements, et la *société n'eût pas été si longtemps privée d'un moyen hygiénique et thérapeutique de premier ordre.* Les excès de quelques ivrognes ne justifieraient pas la destruction des vignobles.

Sous Louis XIII, nous retrouvons les étuves passées aux mains des *barbiers, perruquiers,* étuvistes. En 1644, un arrêt du Conseil fixait à quarante-huit le nombre des *barbiers-baigneurs-étuvistes-perruquiers* qui devaient accompagner la cour dans ses voyages.

28. Un célèbre professeur à l'Université de Berlin, dont le

génie s'est particulièrement appliqué à connaître les effets de la vapeur sur le corps humain, le docteur Reil, a démontré comment ce fluide agit dans la poitrine et sur la peau, ce puissant auxiliaire des poumons. D'après lui, l'organe de la respiration est l'autel sur lequel le flambeau de la vie est constamment alimenté par l'oxygène et d'où elle se répand avec le sang dans les moindres tissus de notre organisation. Les effets de ce phénomène sont en raison des surfaces mises en contact avec l'air atmosphérique, du sang contenu dans ces surfaces et de la rapidité de son cours. Or, dans l'étuve, le sang se porte avec bien plus d'abondance à la peau que dans l'état ordinaire, la circulation est aussi beaucoup plus active, ainsi que l'indiquent le pouls du baigneur et la vive couleur de sa peau. L'action de l'oxygène sur la masse du sang est centuplée dans le même espace de temps.

29. Même observation à l'égard du poumon. Il est évident que ces changements, dans de si importantes fonctions, doivent amener des résultats également importants dans le système hygiénique.

30. *Parmi les moyens dont dispose la médecine, continue Reil, je ne reconnais qu'à la vapeur la faculté de porter une action vivifiante jusques dans les fibres les plus subtiles de notre organisation.* Le calorique est la source de la vie, le principe de tout ce qui respire et de tout ce qui vit. Sans calorique, point de plantes, point d'animaux. Son absence est la mort, qui n'est pour nous qu'un éternel hiver.

31. A ceux qui pourraient encore penser que pour retirer quelque bénéfice des étuves, il faut en avoir l'habitude, nous citerons l'opinion du docteur J. G. Schmidt, de Berlin. Les étuves, dit-il, *méritent d'être d'un usage général.* Des vieillards plus que septuagénaires et des enfants dans les premières années de la vie s'en sont également bien trouvés. Mon propre fils, à peine âgé de six ans, n'a pas de plus grand bonheur que lorsque je le conduis aux étuves.

32. Le docteur Mangold pense qu'elles sont un excellent moyen de faciliter les développements de l'enfance, d'entretenir les forces de l'âge viril, etc., d'éloigner la vieillesse.

33. Il y a vingt ans que Paris possédait à peine deux ou trois établissements où il fut possible de prendre tant bien que mal des bains russes ou orientaux. Tivoli lui-même, malgré sa grande renommée, n'offrait rien de satisfaisant en ce genre. Mais le retour du docteur Paris, qui venait de remplir en Égypte la périlleuse mission d'étudier la peste, fut le signal de l'*introduction et de la vogue des étuves à vapeur*. On admira bientôt dans les somptueux néothermes, dont l'établissement coûta *un million et demi,* une étuve égyptienne peinte et agencée avec autant de goût que de luxe ; mais, malheureusement, la vapeur n'y était pas assez énergique, et le service aurait pu laisser moins à désirer.

34. Simultanément, avec l'administration des néothermes, nous construisîmes dans une maison de santé près la barrière Pigale, à Paris, deux modestes étuves dans lesquelles on pouvait prendre à volonté soit le bain russe, soit le bain oriental. Quelques mois seulement après l'ouverture de cet établissement, il nous était impossible de suffire à l'affluence des baigneurs et des baigneuses. Dès lors, les étuves attirèrent sérieusement l'attention de la Faculté. *Alibert, Antomarchi, Biet, Berger, Broussais, Bourdois, Bousquet, Chantourelle,* Coutenceau, Defermon, Fouquier, Itard, Koref, Lœnec, Larrey, Marjolin, Orfila, Olivier d'Angers, Pariset, Peltan, Réveillé-Parise, Rouget de Saint-Pierre et beaucoup d'autres médecins reconnurent et adoptèrent les étuves à vapeur comme l'un des plus puissants auxiliaires de la thérapeutique dans beaucoup d'affections qui résisteraient aux moyens pharmaceutiques. Aussi le nombre des étuves s'est-il considérablement accru dans Paris.

BAINS D'ÉTUVES CONSIDÉRÉS AU POINT DE VUE THÉRAPEUTIQUE

35. Le retour des étuves dans l'Ouest de l'Europe fut salué comme tous les nouveaux établissements destinés à porter des modifications profondes dans les habitudes, dans les idées,

mais surtout dans les préjugés. On s'éleva contre l'adoption de ces bains de vapeur. Les uns les déclarèrent dangereux et incompatibles avec notre organisation physique ; les autres les qualifièrent de barbares et tout au plus bons pour des sauvages.

36. Ce débordement de la routine ne fut pas sans utilité. Les étuves échappèrent à la proscription précisément par l'exagération de leurs aveugles adversaires. Tandis que, par une fausse théorie, des ignorants cherchaient à prouver que tout insensé qui oserait entrer dans une étuve n'en sortirait pas vivant, des savants en étudiaient les effets, suivaient pas à pas la guérison de maladies qui avaient obstinément résisté à toutes les ressources de la thérapeutique, constataient de bonne foi que les bains d'étuve non-seulement rétablissaient la santé, mais encore qu'ils la fortifiaient en retrempant la constitution des personnes bien portantes, et qu'enfin, ils préservaient de maladies dont on pouvait être menacé. La pratique triompha donc des sinistres prédictions de la théorie par les cures les plus merveilleuses, par les faits les plus évidents. Tout le monde put toucher du doigt les *bienfaits des étuves,* qui obtinrent, sans plus de contestation, droit de cité de la Vistule au Rhin et du Rhin à la Seine. Elles attirèrent une clientèle d'autant plus nombreuse qu'elle se composa de malades et de gens qui se portaient bien. Aujourd'hui, nous pouvons sans opposition, comme sans hyperbole, dire que la vapeur ne tardera pas à prendre dans l'hygiène et dans la thérapeutique, une place aussi éminente que celle qu'elle occupe avec tant d'éclat dans l'industrie et la locomotion.

37. Tout le monde sait que les Orientaux et les Russes, qui, depuis des siècles ont adopté les étuves à vapeur comme base de leur hygiène, sont remarquables par la beauté, la transparence, la pureté de la peau, et qu'ils connaissent à peine de nom *la goutte, les rhumatismes, les maladies glanduleuses, les scrofules, les dartres, l'hydropisie, les affections cutanées,* etc.

38. Le caractère des bains russes est essentiellement diété-

tique. Rien ne saurait donc mieux convenir aux personnes
nerveuses, faciles à s'émouvoir; quatre ou cinq bains d'étuve
par mois les préserveront infailliblement de cette irritabilité
nerveuse et de beaucoup d'autres affections qui pourraient
en être la conséquence.

39. Tout goutteux, perclus ou non, fera bien de prendre
trois bains par semaine, ou un bain tous les deux jours. Mais
après le vingt-quatrième ou le trentième, il pourra n'en
prendre que deux par semaine. Si les douleurs recommen-
çaient, il conviendrait de s'étuver pendant trois jours, et de
reposer ensuite pendant huit jours. Cinquante bains suffisent
ordinairement pour rétablir le malade qui, après ce traitement, n'aura besoin de prendre qu'un bain par semaine pour
se garantir des rechutes, pour raffermir complètement sa
santé et résister d'autant mieux aux variations atmosphériques.

40. La guérison de la *goutte à la tête,* maladie aussi rebelle
que la migraine chronique, est complètement assurée par les
bains russes ou de vapeur. Cette maladie étant ordinairement
accompagnée d'autres affections, il est difficile de savoir si
elle provient d'une métastase goutteuse, d'un catarrhe rentré
ou de toute autre cause. *La tête, ce principal foyer des sens
et du système nerveux,* est la partie la plus irritable de notre
corps, et la plus sensible aux douleurs. Aussi le moindre mal
de tête, quelle qu'en soit la cause, est ordinairement suivi
de crampes du cerveau, qu'un seul bain de vapeur fait cesser
immédiatement. On sait, d'ailleurs, que les maux de tête
viennent ordinairement de l'estomac et de l'abdomen. Beaucoup de personnes, qui en sont atteintes, éprouvent des ver-
tiges périodiques pendant la nuit lorsqu'elles sont couchées.
Mais que ces maux de tête soient nerveux, pléthoriques ou
hystériques, qu'ils proviennent d'affections hémorrhoïdales
ou de mauvaises digestions, on est sûr d'en être délivré par
les bains de vapeur, et nous pouvons, sans la moindre pré-
somption, en garantir la guérison à tous ceux qui voudront
les combattre par des bains d'étuve convenablement admi-
nistrés.

41. Bien que l'*athérome* ou *l'abcès enkisté dans une mem-brane* ne puisse figurer au nombre des affections scrofuleuses, nous en faisons pourtant mention à cause de l'action dissol-vante des bains de vapeur sur cette espèce d'abcès. Quelle que soit la cause de l'*extension* variqueuse, quelle que soit la débilité ou l'affaissement des veines, il faut bien reconnaître que la médecine et la chirurgie n'y peuvent rien. Les compo-sitions médicamenteuses qu'on a proposées jusqu'à ce jour pour donner quelque efficacité aux frictions n'ont procuré aucun résultat satisfaisant. On est quelquefois parvenu à dégager des sections isolées, ce qui n'est pas sans danger. En général, on n'a obtenu que du soulagement et jamais de guérison. Mais il est bien certain qu'on peut l'obtenir par l'usage des bains de vapeur.

42. On conçoit qu'il résulte de l'action du bain d'étuve que d'abord la circulation du sang est accélérée, puis ce fluide se porte du centre vers la circonférence, et la perspiration cutanée qui s'opère désemplit le torrent circulatoire de toute la quantité de sueur qui s'écoule. Ainsi, là où la lenteur de la circulation occasionnerait une obstruction ou un engorge-ment, un dégorgement doit s'opérer, et toute l'économie animale se trouve allégée à cause des pertes qui s'opèrent par la voie de l'exhalation cutanée.

43. Il semble de prime-abord que l'on doit craindre que le bain d'étuve, en raréfiant le sang dans les vaisseaux, ne dis-pose à la pléthore et ne produise l'apoplexie. Mais on est convaincu que ces accidents ne peuvent avoir lieu lorsqu'on reconnaît que, d'une part, le sang abandonne le centre de l'économie animale pour se porter dans le système capillaire général, qui se trouve placé dans tous les points les plus éloignés du cœur, notamment à la périphérie de l'individu, et que, d'une autre part, il s'opère une déplétion réelle des vaisseaux, au moyen de la sueur. L'expérience prouve que *des phénomènes fâcheux ne peuvent nullement avoir lieu.*

44. Le bain d'étuve ne sert parfois qu'à remplir des vues hygiéniques, surtout lorsqu'on y a recours pour activer la circulation et ranimer la chaleur animale, de manière à

rendre le corps moins sensible aux variations atmosphériques et lui faire supporter sans peine la température la plus rigoureuse. Les médecins de l'antiquité lui avaient reconnu cette vertu.

45. Le bain d'étuve produit réellement des phénomènes physiologiques extraordinaires qui lui assurent une *juste préférence,* dans quelques cas, sur les autres bains. L'eau qui pèse sur la peau dans les bains liquides empêche les pores de s'entr'ouvrir librement, et les exhalations, qui épurent l'économie animale, de s'opérer aussi bien que dans les *bains d'étuve.* Le corps seul peut être placé dans les bains liquides, tandis que la tête, cette *portion principale* de notre être, ne peut se ressentir des effets avantageux que l'on doit en retirer.

46. Si l'on considère les organes importants qui se trouvent placés à la *tête,* les nombreux canaux muqueux qui existent aux yeux, aux oreilles, au nez, à la bouche, que les humeurs diverses doivent librement parcourir ; les vaisseaux nombreux qui se ramifient partout, et la sensibilité exquise dont jouissent toutes les parties, on concevra sans peine que des maladies nombreuses doivent affecter la tête. Les bains sont, dans bien des cas, le remède le plus efficace ; mais, comme il n'est guère possible de tenir longtemps la tête plongée dans un bain liquide, on recourt à celui de vapeur et l'on en retire de grands avantages. C'est surtout dans cette classe nombreuse de maladies désignées sous la dénomination générique de douleurs (un seul bain d'étuve suffit ordinairement pour calmer de violents maux de dents), que l'on reconnaît les effets puissants du bain d'étuve ; ils agissent à la fois sur les propriétés vitales qu'ils modifient, et sur les fluides et les humeurs diverses dont ils activent le cours ou déterminent l'évacuation. Pendant que tous les médicaments imaginables échouent dans le traitement des *rhumatismes, de la goutte, des névralgies, des douleurs* du système osseux, nommées STÉOCOPE, etc., on se trouve parfois guéri comme par enchantement à l'aide des seuls bains d'étuve. Les raisonnements physiologiques les plus exacts s'accordent avec l'expérience

pour expliquer les effets prodigieux que peut produire cette sorte de bains pour amener une prompte guérison.

47. « Au point de vue thérapeutique, dit le propriétaire des *Étuves-Marianne,* de Berlin, les bains russes étaient peu connus. Nous n'en avions pas en Prusse, et je tenais même de médecins russes que, dans leur pays, ils étaient en usage moins comme remèdes que comme moyen hygiènique indispensable. Mais des succès médicinaux de la plus haute importance ne tardèrent pas à démontrer ce qu'il y avait d'erroné dans l'opinion de ces médecins, et le nombre des personnes guéries par les *étuves* devint si considérable qu'il fallut non-seulement agrandir le premier établissement, mais encore en construire un second exclusivement destiné aux dames. »

48. Le docteur Schmidt a cité plusieurs cas qui ne figurent pas dans les deux tableaux synoptiques suivants. J'en ajouterai un qui m'est personnel :

« Depuis douze ans, j'avais des dartres à la poitrine et au dos ; le moindre froid m'enrouait. Je restais souvent quinze jours sans pouvoir parler. Je ne faisais que tousser et me moucher. Mes dartres résistaient à tous les remèdes, aux eaux de Tœplitz et aux bains sulfureux. Après Dieu, c'est aux étuves à vapeur que je dois d'en être radicalement guéri, et de jouir, à soixante-six ans, par l'usage hebdomadaire des bains russes, d'une santé si parfaite, si vigoureuse que je serais très-disposé à dire avec le docteur Mangold :

49. « Oui, le bain d'étuve à vapeur est un remède contre la vieillesse. »

Fait à Berlin, en avril 1824.

Signé : POCHHAMMER.

50. Que de malades, après avoir dépensé beaucoup d'argent et de temps pour se rendre aux sources minérales les plus renommées en reviennent sans être guéris ! Ils recommencent l'année suivante à nouveaux frais, et compromettent encore une fois leurs intérêts, leurs affaires, le bon ordre, le bien-

être de la famille pour n'obtenir souvent qu'une déception
nouvelle.

51. La principale cause de ces fâcheux mécomptes a été
nettement expliquée par M. le docteur Schmidt, à Berlin, l'un
des hommes qui a étudié avec autant de sagacité que de
conscience les divers effets sur l'économie animale des bains
par immersion générale dans la vapeur simple ou composée.

Les bains d'étuve, dit ce savant observateur, agissent en
sens inverse des bains de sources chaudes. Ils sont plus con-
formes aux lois de la physique, car leur action a lieu de
l'intérieur où elle va déloger le mal, à l'extérieur d'où les
mauvaises humeurs sortent par tous les pores, entraînées par
d'abondantes sueurs. L'action des sources chaudes, au contraire, commence à l'extérieur par la peau et ne pénètre
qu'imparfaitement et lentement dans l'intérieur de notre
corps. Cette simple explication fait comprendre la merveil-
leuse promptitude des guérisons obtenues par les étuves,
surtout dans les maladies de la trachée-artère et dans toutes
les affections catarrhales.

52. Hippocrate ne se bornait pas à la vapeur d'eau simple.
Il faisait ainsi, dans beaucoup de cas, usage de la vapeur de
vin, de vinaigre ou d'herbes aromatiques, émollientes, et
quelquefois de gommes résineuses. Arétée, qui pratiquait la
médecine sous Jules César, David Gaubius, médecin chi-
miste du siècle dernier, Pierre Frank, de Bade, et beaucoup
d'autres illustrations médicales, employèrent avec succès les
procédés d'Hippocrate.

53. Assalini agrandit le domaine médicinal des bains de
vapeur, sous le double rapport des appareils et de la combi-
naison des substances médicamenteuses. A Munich, il intro-
duisit les bains de vapeur portatifs. A Naples, il publia un
ouvrage très-recommandable sur les bains de vapeur simples
et composés de substances ammoniacales, balsamiques, géla-
tineuses, sulfureuses, mercurielles, etc., etc. Dans la cons-
truction des Polythermes de la Gironde, nous avons mis à
profit la description qu'Assalini fait de ses divers bains de

vapeur et de ses appareils pour diriger la vapeur simple ou
médicamenteuse sur les parties malades.

. . . .

54. Cependant, les craintes de la contagion ayant perdu de
leur intensité, le service des étuves ne tarda pas à se régula-
riser. Les élèves internes firent assaut de zèle. Souvent nous
demeurions plusieurs heures dans une atmosphère de 40 à
45 degrés de chaleur que la transpiration, l'haleine et surtout
les digestions des cholériques viciaient et auraient rendu
dangereuse si la vapeur, en se condensant, n'avait entraîné
tous ces miasmes, et si notre *propre transpiration, au lieu de
permettre aux pores de les aspirer, ne les avait, au contraire,
constamment rejetés.*

55. Nous croyons avoir suffisamment démontré, dans le
cours de cet ouvrage, que les bains d'étuve sont surtout pré-
cieux pour maintenir la santé dans son état normal, *au milieu
même des circonstances atmosphériques et diététiques les plus
contraires;* pour retremper toutes les facultés vitales et leur
donner une plus grande énergie, et, enfin, pour prévenir ou
guérir *beaucoup de maladies qui résisteraient aux moyens
pharmaceutiques ordinaires.* Sous tous ces rapports, la population fixe et la population flottante de Bordeaux ne saurait
manquer de faire bon accueil à nos polythermes, à ces *salutaires étuves* qui, au nord de l'Europe et en Orient, ont
donné naissance aux deux dictons populaires : *Fort comme
un Turc; Robuste comme un Russe.*

56. Fraklin, ce philosophe si profond, si consciencieux,
écrivait à son fils que la *guérison* de la plupart de nos maladies par les moyens thérapeutiques ordinaires est *fort incer-
taine,* et il lui recommandait l'exercice comme un excellent
auxiliaire de la médecine. « En analysant, dit-il, les diffé-
» rentes manières de faire de l'exercice, j'ai trouvé que le
» *quantum* ne doit pas en être calculé par le temps ou la
» distance, mais par le degré de calorique qu'il communique
» à notre corps. Si le matin j'ai froid en montant en voiture,
» je me promènerai ainsi jusqu'au soir sans être réchauffé par
» cette longue promenade. Si je monte à cheval ayant les

» pieds froids, il me faudra pour les réchauffer plusieurs
» heures de cet exercice. Mais, quelque froid que j'ai aux
» pieds, je ne saurais marcher une heure d'un bon pas sans
» activer la circulation et sans avoir chaud des pieds à la tête.
» Me servant de chiffres ronds, sans attacher de l'importance
» à leur exactitude, mais tout simplement pour établir un
» calcul différentiel, je dis qu'une lieue faite à cheval *con-*
» *tient plus d'exercice* que cinq lieues en voiture; qu'il y en a
» plus dans une lieue à pied que dans cinq à cheval; qu'enfin,
» une lieue faite dans un pays montueux contient plus d'exer-
» cice qu'une lieue faite en plaine. »

57. Nous croyons ne pas nous éloigner des calculs du
grand docteur américain sur la diversité des exercices, en
ajoutant qu'une demi-heure, temps ordinaire d'un bain russe,
passée dans une étuve à vapeur chauffée à 40 degrés Réaumur,
contient cinq fois plus d'exercice qu'une lieue faite dans un
pays de montagnes.

58. On conçoit tout l'avantage que les *bains d'étuve présen-*
tent aux hommes de cabinet et de comptoir, aux fonction-
naires publics, en un mot, à tous les gens d'affaires que
leurs travaux condamnent à la vie *sédentaire* et à ses *consé-*
quences, trop souvent *funestes à la santé.* A ces hommes
immobilement laborieux, dont la classe est aussi nombreuse
qu'honorable, nous ne saurions trop leur recommander de se
retremper hebdomadairement dans les étuves, d'y rafraîchir
leur esprit fatigué, et d'y activer en même temps la circulation générale, afin de prévenir l'engorgement des humeurs,
les congestions sanguines et la langueur, l'appauvrisse-
ment de tous les systèmes. Un seul bain par semaine pré-
viendra ces accidents et les autres conséquences, non moins
graves, d'un manque total d'exercice ou d'un exercice insuf-
fisant; il maintiendra le plus heureux équilibre dans l'action
des organes, la plus grande netteté dans l'esprit et la facilité
de conception la plus désirable.

59. Dans notre intime conviction de n'avoir publié que la
vérité sur les étuves, nous souhaitons qu'il n'y ait bientôt
plus, comme en Russie et dans tout l'Orient, une seule ville,

un seul village *(une seule maison)* privé de ces bienfaisantes officines.

Extrait d'un ouvrage d'Hydrothérapie

Par A. C. D. (1858)

60. Si l'on recherche maintenant suivant quelles doctrines la méthode hydrothérapique était appliquée à Græfenberg, on se trouve en présence de théories humorales qu'il importe de signaler, puisqu'elles nous serviront plus tard à établir la différence qui sépare l'hydrothérapie scientifique et rationnelle du système imaginé par Priessnitz. Notons, en passant, que *ces idées sont encore partagées par quelques médecins hydropathes.*

61. Priessnitz suppose que chez tous les malades le sang est plus ou moins chargé de matières peccantes, de principes morbifiques qui détruisent l'union et l'harmonie qui doivent exister entre chacune des parties constitutives de notre corps. Le remède doit donc tendre à rétablir l'équilibre, en éliminant au dehors les *mauvaises* étoffes; il doit aider la nature à réagir pour rejeter le mal qui est venu porter le trouble dans la constitution. Pour produire cet effet, placé dans les conditions où la Providence l'avait mis, sans *aucune notion* médicale, Priessnitz devait nécessairement se servir des moyens les plus simples, les plus à sa portée. L'emploi de l'eau puisée à ces sources limpides qui murmurent autour de lui, et *l'usage fréquent des sueurs pour délayer et éliminer au dehors la matière morbigène,* puis, comme accessoire, l'air vif de la montagne, l'exercice, un régime spécial, tels sont les moyens dont il s'est servi pour produire des *miracles.*

62. L'Allemagne, qui a toujours été tête de ligne pour une infinité de notions, nous présente, au début de ce siècle, Frédérick Hoffmann, professeur illustre de l'Université de Halle, comme promoteur de l'hydrothérapie élémentaire. Dans son ouvrage sur l'eau, il la *proclame un remède uni-*

versel, et cela parce que notre corps étant une machine, l'eau en renouvelle les rouages démontés par la sécheresse.

63. Jean Sigismond Hahn, médecin distingué de la Silésie, coïncidence remarquable, un siècle avant l'apparition du guérisseur silésien Priessnitz, dut une partie de sa réputation aux guérisons nombreuses qu'il opéra à l'aide de l'eau froide administrée intérieurement et extérieurement.

64. Son frère, Jean Godefroy Hahn, obtint des succès extraordinaires par l'emploi de l'eau froide pendant une épidémie de fièvre qui ravagea la ville de Breslau en 1737. Tous les malades qui se soumirent au traitement qu'il employait furent guéris, tandis que les autres périrent presque tous.

65. Quelques personnes ont voulu, à l'aide de bains d'étuve, introduire dans l'économie des substances médicamenteuses réduites en vapeur à l'aide d'une élévation considérable de température. Je ne crois pas qu'on ait pu, par ce moyen, arriver à ce résultat. On doit comprendre, en effet, que dans toute condition où la température est plus élevée qu'à l'état ordinaire, la peau est bien plus disposée à l'exhalation qu'à l'absorption, et j'en conclus qu'alors il ne peut y avoir introduction dans l'économie des substances médicamenteuses. Si de tels bains agissent, ce n'est qu'en déterminant au dehors une puissante dérivation, et, quant aux vapeurs fumigatoires destinées à *introduire dans l'organisme des substances médicamenteuses réclamées par l'affection que l'on veut détruire,* elles n'ont certainement aucune action spécifique et n'agissent qu'en augmentant l'action excitante du calorique, qu'il soit produit par l'alcool ou le charbon incandescent.

Extrait d'un ouvrage d'hydrothérapie du docteur L***

(1852)

66. Il y a quelque chose de repoussant, dit M. Londe, dans son *Traité d'Hygiène,* dans ces étuves où plusieurs individus renfermés respirent un air imprégné de leurs émanations res-

pectives, chargé des produits de leur exhalation pulmonaire, de la perspiration cutanée, d'une proportion surabondante de gaz acide carbonique, et enfin de tout ce qui peut rendre l'atmosphère insalubre. Cet inconvénient, dont l'importance ne saurait être contestée, n'empêche cependant pas certaines administrations d'établissements hydrothérapiques de maintenir leurs salles de sudation. La surveillance, dit-on, est ainsi plus facile, le service plus complet, et enfin les malades évitent l'ennui de longues heures passées dans l'isolement. Et, d'ailleurs, ajoute-t-on, le passage du maillot dans le bain est beaucoup plus rapide, l'enveloppement se faisant sur les bords même de la piscine. Ces avantages sont réels, mais ils ne *légitiment point la transpiration en commun*. D'abord, quand à la facilité de la surveillance et à l'exactitude du service, c'est une question d'administration qui *ne peut entrer en ligne de compte lorsqu'il s'agit des inconvénients qui intéressent la santé;* on peut rendre le service exact et la surveillance active lorsqu'on veut bien s'en donner la peine. Pour ce qui concerne l'ennui que cause l'isolement, il faut se rappeler qu'entre deux inconvénients, il faut choisir le moindre, et *entre les deux dont il est question, il n'y a point à balancer*.

Extrait de la Philosophie naturelle de PRÉVOST (**1820**)

L'Eau

67. L'eau, et les liquides en général, sont à peine susceptibles d'être comprimés ou d'être réduits à un espace plus petit que celui qu'ils occupent naturellement. On suppose que cela est dû à la petitesse extrême de leurs particules, qui, au lieu de se soumettre à la pression, forcent leur route à travers les pores de la substance qui les contient. Ceci a été démontré par une expérience célèbre, faite il y a longtemps à Florence. Un globe d'or creux fut rempli d'eau, et soumis à une grande

pression ; on vit alors l'eau exsuder à travers les pores de l'or, qui se couvrit d'une fine rosée.

━━━━ ▰ 0 ▰ ━━━━

CONTAGION

Extrait d'un ouvrage de médecine hyppiatrique ou vétérinaire

Par F. JAUGE

68. On entend par contagion la communication de certaines maladies, qui a lieu par des miasmes ou corpuscules pestilentiels, portés par l'air ou par les aliments, et dont la nature n'est pas connue, mais dont les effets sont évidents. Quelquefois ces principes malfaisants s'introduisent par les voies de la respiration et de la transpiration.

69. Une autre observation nous apprend qu'un chien enragé avait mordu, dans l'accès, un homme à la cuisse, lui avait déchiré la culotte et la peau. Cet homme devint enragé, et mourut de cette maladie ; on serra ses hardes dans un grenier, où elles restèrent oubliées pendant quarante ans étendues sur une corde. Au bout de ce temps, on vendit cette défroque, et une femme ayant raccommodé un de ces vêtements, coupa le fil dont elle se servait pour coudre la déchirure avec ses dents, n'ayant pas de ciseaux ; au bout de quarante jours, cette malheureuse devint enragée, et mourut.

Du même auteur.

70. Il faut faire exécuter l'arrêt du 16 juillet 1784, qui dit : 1° qu'il faut tenir tous les animaux à l'attache ; 2° séquestrer ces mêmes animaux ; 3° ne laisser communiquer aucun animal sain avec les malades ; 4° ne laisser aucun cadavre épars dans les champs, car alors les oiseaux de proie peuvent s'en repaître et porter au loin des germes de la maladie con-

tagieuse. Ce sont sans doute ces raisons qui déterminent les Hollandais, lors de la maladie épizootique, à tuer tous les chiens, les chats et les poules, à peu d'exceptions près.

71. Il faut faire exécuter l'art. 20 de l'ordonnance du 10 janvier 1776, lequel défend : 1° à tout mendiant de vaguer dans les divers pays où la contagion existe, et de passer de ces derniers endroits dans les lieux sains, aussi bien qu'à toute personne de les recevoir, sous peine d'amende; 2° ne permettre à aucun des animaux suspects d'aller pâturer dans les prairies ou autres lieux où vont paître des animaux sains que quand il est véritablement prouvé que la maladie n'est pas contagieuse; 3° défendre les pâturages communs à tous ceux affectés de la maladie; 4° dans les circonstances où l'on voudrait faire quelques expériences sur les carnivores, il faut isoler ces animaux afin qu'ils ne communiquent pas la contagion.

72. Parmi les objets importants à considérer, qui sont en quelque sorte communs à la médecine de l'homme et à celle des animaux, on doit sans doute distinguer celui que l'on entreprend de traiter dans ce mémoire de la science médicale.

73. On sait depuis des siècles que, dans le nombre des maladies dont l'espèce humaine est tributaire, il en est qui jouissent de la funeste propriété de se communiquer subitement d'un individu à un autre, par contact médiat et immédiat, au moyen des miasmes ou corpuscules dont la nature nous est parfaitement inconnue, quoique dans certaines circonstances ces effets soient très-évidents.

74. On sait que la même chose arrive également pour plusieurs affections des animaux, et que, parmi celles-ci, on en voit qui passent à l'homme avec une promptitude étonnante, lors même que l'on croit n'avoir rien à craindre.

OBSERVATION SUR LA CONTAGION
Par B.-M. Barrière

75. On ne peut qu'approuver les hommes dont les sentiments d'humanité les font s'occuper de la santé des animaux, surtout lorsqu'il s'agit de maladies contagieuses. Aussi voiton qu'il y a une ordonnance du 10 janvier 1776 et un arrêt du 16 juillet 1784 qui obligent les propriétaires ayant du bétail malade à prendre tous les soins possibles pour l'empêcher d'aller pacager avec celui qui est sain, à cause du danger de la contagion. Tout homme de bons sens trouvera cette mesure parfaitement établie; mais est-il défendu d'avoir soin de la santé de l'homme comme on a soin de celle des animaux; non, sans doute, me répondra-t-on. Comment se fait-il alors qu'à Paris, dans des bains de vapeur publics, on laisse mettre ensemble un certain nombre de personnes plus ou moins gravement malades de maladies contagieuses et autres, respirant l'air infecté par le virus qui sort du corps des malades par la transpiration. Comment se fait-il, dis-je, que le conseil de salubrité de la capitale n'ait pas été éclairé sur ce point. Je ne veux certainement pas croire qu'il soit à la connaissance du conseil de salubrité de la première ville du monde que, dans des bains de vapeur publics, on laisse s'empoisonner mutuellement, par la contagion, un grand nombre de travailleurs, lorsque je lis dans un ouvrage de médecine hyppiatrique ou vétérinaire qu'en 1776 et 1784 les hommes se sont occupés très-sérieusement de la santé des animaux en prenant des mesures sévères pour leur faire éviter les maladies contagieuses.

76. Comme l'homme perçoit pour son travail des émoluments en raison de son plus ou moins d'intelligence, ce qui est parfaitement juste, il est évident que l'ouvrier le moins habile est celui qui travaille le plus péniblement pour ne recevoir que le plus mince salaire. C'est donc sur cette classe

d'hommes travailleurs, ces hommes qui, sans contredit, sont les plus utiles de la société que viennent pleuvoir toutes les mauvaises gouttières. On leur donne des bains de sudation à bon compte, mais on'les empoisonne en leur faisant respirer un air qui est vicié par les émanations qui sortent du corps de tous les malades réunis. Je ne puis que former le vœu de voir les hommes qui peuvent remédier à cette chose toute d'humanité faire pour les travailleurs ce que d'autres hommes ont bien voulu faire pour la santé des brutes en 1776 et 1784.

77. Dans tous les établissements de bains de vapeur publics où règne la mauvaise condition citée plus haut, on adoptera, j'aime à le croire, au lieu du système empoisonneur, ma Boîte de Santé pour bain de sudation, appareil d'une grande commodité et sans le moindre danger.

LES MALADIES DE LA TÊTE

La tête est l'organe le plus important de tous ceux qui constituent l'homme; c'est le point où les maladies font les plus grands ravages, et c'est précisément celui qui, jusqu'à mon invention, n'a pu profiter du bénéfice de la dépuration du sang par la transpiration, puisque dans tous les systèmes de bains de vapeur ordinaires, la *tête* n'est pas comprise dans l'appareil de sudation. Il faut pourtant, à la honte de quelques personnes, dire qu'il y a des bains de vapeur dans lesquels on peut se mettre entièrement et par *trente* ou *quarante patients ensemble*; et là, les *malades* s'empoisonnent mutuellement en respirant le *venin* de *leurs maladies respectives* qui sort par la *transpiration*, et s'asphyxient par l'air beaucoup trop chaud qu'ils respirent.

Avec ma Boîte de Santé, on est entièrement enfermé dans ce bain de vapeur, et l'on respire, par un tuyau, l'air de l'appartement où l'on est placé. Par cet heureux moyen, la *tête*, cette fois, comme le reste du corps, profitera du bien que fait la *transpiration* par l'élimination des mucosités impures arrêtées dans cet organe principal. La *tête* va donc pouvoir se débarrasser des *maux nombreux* qui sont susceptibles de l'atteindre. Plus de *migraines*, de *surdités*, d'*abcès*, de *mal aux yeux*, aux *dents*, au *nez*, etc., etc. La *transpiration* abondante purgera toutes les parties du chef de l'homme, et la vitalité physique et morale sera reconstituée dans sa puissance normale.

Ce qui est contenu dans cette brochure est plus que suffisant pour ce qu'on peut avoir besoin afin de se soigner avec la Boîte de Santé. Mais pour les personnes qui aiment à s'instruire, je donnerai, par plusieurs autres numéros, un travail qui fera suite à ce premier, et qui contiendra les matières ci-contre : les aphorismes d'Hippocrate ; les aphorismes de Sanctorius ; la médecine du docteur Buchan sur la transpiration ; la vertu de l'eau commune par le docteur Smith ; la médecine du docteur Lieutaud ; les dangers de la contagion par le docteur F***, etc., etc.

En publiant ce travail, je n'ai pas la prétention de l'écrire d'une manière agréable pour le lecteur, mais seulement d'une manière utile.

Bordeaux. — Imprimerie de G. BARDET et Cie, Bazar-Bordelais.